古地名裡的台灣史

中部篇

宋彥陞——著
紹華——繪

目錄

第五部

彰化縣・雲林縣・嘉義縣

第六部

台南市

作者序

透過地名，一同踏上認識台灣的歷史之旅！

對於在高雄出生、屏東長大、台北求學和就業的我來說，每次被問到「你是哪裡人？」這個問題，頓時不知道該回答出生地、戶籍所在地還是現居地。所以，我總是對提問者「全盤托出」，由對方自行決定這題的「正確答案」。

姑且不論自己是高雄人、屏東人抑或半個台北人，我作為一九八八年出生的土生土長台灣人，從小到大接受的歷史和地理教育仍以中國史地為主；即便後來就讀歷史系，我依舊選擇中國歷史為研究主題，直到服兵役期間才在同袍影響下，對台灣史地產生興趣，進而投入研究。

時至今日，我們面對外國人詢問「你是哪裡人？」這個問題，已經可以自信說出我們所在這塊土地的名字。不過，你是否認真想過我們對於台灣發生過的事件、存在過的人物，乃至現代社會為何會變成這副樣貌，經常是知其然而不知其所以然。

秉持對於歷史這門學問的熱愛，我有機會進入國立台灣大學研習歷史知識，因緣際會投入歷史普及事業，繼而有幸獲得時報出版邀請，將自身所學化為各位正在閱讀的「時空偵探」系列這套作品。

如同之前出版的《世界古文明之旅》，這次新推出的《古地名裡的台灣史》，同樣是以我在《國語日報週刊》連載的內容為基礎，重新改寫及擴充而成。

除了向讀者介紹台灣許多鄉鎮的地名沿革、著名景觀、特色產業等面向，本書還透過「當地人與事」短文，帶著大家認識與當地因緣匪淺的重要人物。期待大家把本書當作邀請卡，跟著我一同踏上認識台灣的歷史之旅！

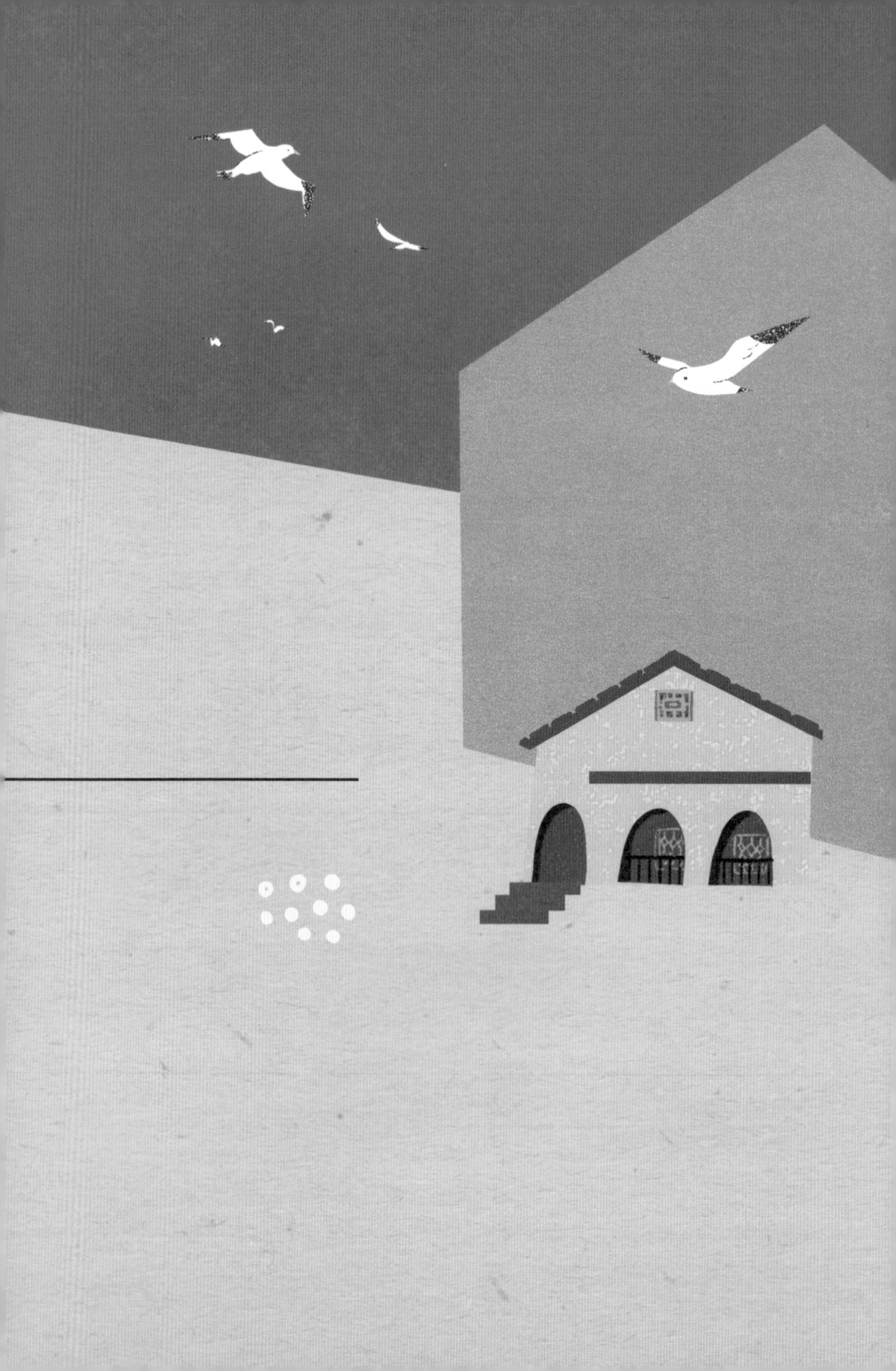

第四部

台中市

南投縣

第21站 豐原

物產豐富的原野

你喜歡吃糕餅嗎？是否知道台中市的豐原區，是個遠近馳名的「糕餅之鄉」呢？

距今三百多年以前，現在的豐原地區是片人煙稀少的空曠原野。隨著漢人移民到此開拓定居，豐原非但變成稻米和糕餅的知名產地，更因

為鄰近山區的森林資源，蛻變為木工與漆器的生產重鎮。

你知道豐原在台灣歷史上，扮演著什麼樣的重要角色嗎？

豐饒原野

在豐原這個名字出現之前，當地的原住民看到這裡長滿松樹和柏樹，便稱此地為「Haluton」，意思是「松柏的樹林」。之後，到此開墾的漢人就把地名改成台語發音相近的「葫蘆墩」。

為了引水灌溉田地，漢人在這裡興建好幾座水圳，使得當地成為盛產稻米的聚落。到了日本統治時期，日本官員認為葫蘆墩的筆畫太過複雜，便將這塊豐饒的平原改名「豐原」，從此沿用到今天。

漆器重鎮

由於豐原位於平原和山區的交界，加上日本政府大力採伐山地的森

林資源，促使該地變成存放木材的轉運站，進而帶動木材加工、漆器製作等產業迅速發展。

二十世紀末，豐原生產的漆器曾經是台灣外銷日本的重要商品之一。近年來，政府嘗試藉由寓教於樂的教育方式，努力保存這項珍貴的傳統工藝。

糕餅之鄉

豐原除了是稻米和漆器的產地之外，還因為擁有優質食材與祖傳技術，使得這裡製作的糕餅格外美味，也讓當地獲得「糕餅之鄉」的美名。

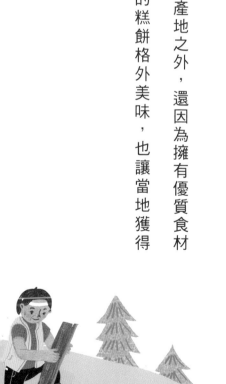

當地人與事

修築葫蘆墩圳的張達京

台中市的豐原區，曾經是優質「葫蘆墩米」的重要產地。關於稻米如何變成豐原的特產，就不能不提到活躍於十八世紀的張達京（一六九〇至一七七三年），以及由他主導修築的葫蘆墩圳（又稱貓霧捒圳）。

三百多年前，張達京從中國廣東來到

台灣中部。當時，該地的平埔族聚落岸裡社正發生瘟疫，而張達京因為提供藥物立下大功，得以成為岸裡社領袖的女婿。

之後，張達京不但協助岸裡社與清朝政府合作，同時規劃興建葫蘆墩圳，要求原住民轉讓土地以交換水源的使用權。

透過葫蘆墩圳等水圳提供灌溉水源，吸引越來越多漢人移居豐原一帶開墾，促使當地變成著名的稻米產地。

第22站 后里

部落後方的村莊

你喜歡賞花嗎？是否知道台中市的后里區，盛產唐菖蒲、百合、文心蘭等多種花卉呢？

長久以來，后里不僅是重要的農業聚落，還以製造薩克斯風這項樂器為人所知。近年來，當地的農家與薩克斯風工廠面臨外國廠商的激烈競

爭，積極摸索轉型和創新的可能性。

你想不想去后里來一趟賞花之旅呢？

內埔改名后里

后里以前原本稱為「內埔」，曾經是原住民巴宰族的活動空間。

在清朝統治時期，漢人逐漸進入台中北部開墾定居。當時，移民發現這塊土地被月眉山一分為二，便按照距離大海的遠近，將東、西兩側的平地分別稱為「內埔」和「外埔」。

到了一九五〇年代，政府為了避免台中的內埔與屏東縣的內埔鄉產生混淆，改以前者境內的主要聚落「后里」，作為行政區的正式名稱。據說，「后里」一名來自漢人開拓初期，將村莊建於原住民部落後方的緣故。

盛產多種花卉

二十世紀以來，后里不但種植廣闊的甘蔗田，還陸續栽種馬鈴薯、葡萄、梨子

等作物，迅速帶動在地的經濟發展。

隨著台灣加入世界貿易組織，農民為了降低外國農產品帶來的衝擊，轉而投入花卉的栽培，如今蛻變為聞名全國的花卉之區。

薩克斯風產地

后里擁有發達的樂器產業，其中以薩克斯風的製作最為知名，也讓台灣一度成為僅次於法國和日本的薩克斯風產地。

當地人與事

台灣薩克斯風之父張連昌

台中市的后里區不但是薩克斯風等西洋樂器的著名產地，還培養出許多知名的樂師。事實上，后里之所以和音樂建立深厚的緣分，跟「台灣薩克斯風之父」張連昌（一九一三至一九八六年）這位人物密切相關。

說到張連昌與薩克斯風結緣的契機，源自他早年跟著后里同鄉學習小喇叭，進而加入家鄉同

好成立的樂團。

某日，團員的薩克斯風因為火災而燒燬，促使擅長繪圖的張連昌將那支薩克斯風拆解研究，同時利用自己繪製的樂器零件圖嘗試製作薩克斯風，意外獲得專業人士的好評。

之後，張連昌決定在后里成立製造薩克斯風等西洋樂器的工廠，並且在工作之餘教導學徒演奏樂器。久而久之，一部分的學徒自立門戶開設樂器工廠，另外有些學徒則轉行成為樂師，使得后里變成以樂器與樂師聞名的音樂聚落。

第23站 梧棲
有五條支流的港口

你知台灣的第二大港口是哪裡嗎？答案是坐落台中市梧棲區的台中港喔！

在日本統治時期，日本官員為了分擔基隆港與高雄港的運輸工作，決定在梧棲建造大型港口，卻因為爆發戰爭而無法如期完工。到了二十世紀中期，我國重新在

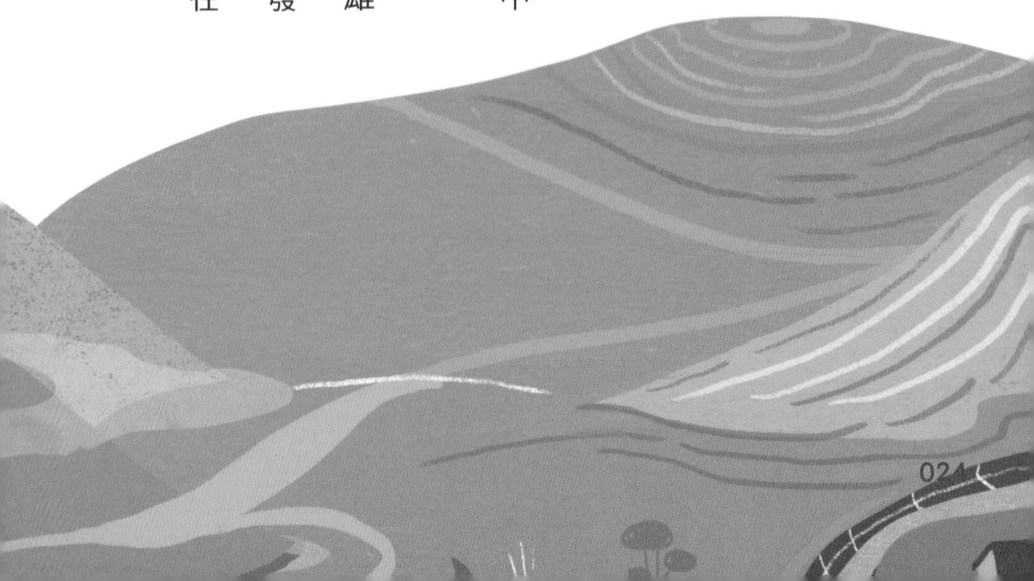

梧棲興建台中港，促使該地再次變成繁榮的港口都市。

你知道梧棲在台灣歷史上，扮演著什麼樣的重要角色嗎？

五汊變成梧棲

據說，梧棲地區在三百多年以前，曾經有一條現在已經消失的河流「牛罵溪」。

當時，漢人乘船來到梧棲開墾土地，發現牛罵溪分為五條支流注入大海，便把這裡命名為「五汊港」。

十九世紀晚期，地方仕紳覺得「五汊港」這個名字

不夠文雅，便根據鳳凰選擇梧桐樹棲息的傳說，將「五汊」改成讀音相近的「梧棲」，從此沿用到今天。

興建大型港口

梧棲因為距離中國福建較近，加上台灣中部的重要港口鹿港日益淤積（參見第28站〈鹿港：聚集鹿隻的港口〉），促使許多商船轉而到梧棲買賣商品，也讓該地變成米穀、樟腦等物產的集散地。

不過，梧棲後來同樣發生港口淤積，加上縱貫鐵路漸漸取代梧棲港的運輸功能，造成當地經濟大受打擊。

進入二十世紀中期，日本政府看上梧棲的發展潛力，在此營建大型港口，並由我國接手完成，蛻變為今日具有工、商、漁業等機能的台中港。

號稱風頭水尾

梧棲不但風勢強勁，又缺乏水源，不適合農業發展，因此被稱為「風頭水尾」，意思是環境惡劣的土地。

當地人與事

完善台灣醫療體系的施純仁

對現在的台灣民眾來說，公共場所禁止吸菸、騎機車要戴安全帽等規定，堪稱人人都知道的常識。事實上，這些守護人民健康安全的規範，都與出生於台中梧棲、曾經擔任台灣衛生署署長的施純仁（一九二三至二〇一七年）密切相關。

一九五〇年代，施純仁是台灣最早投

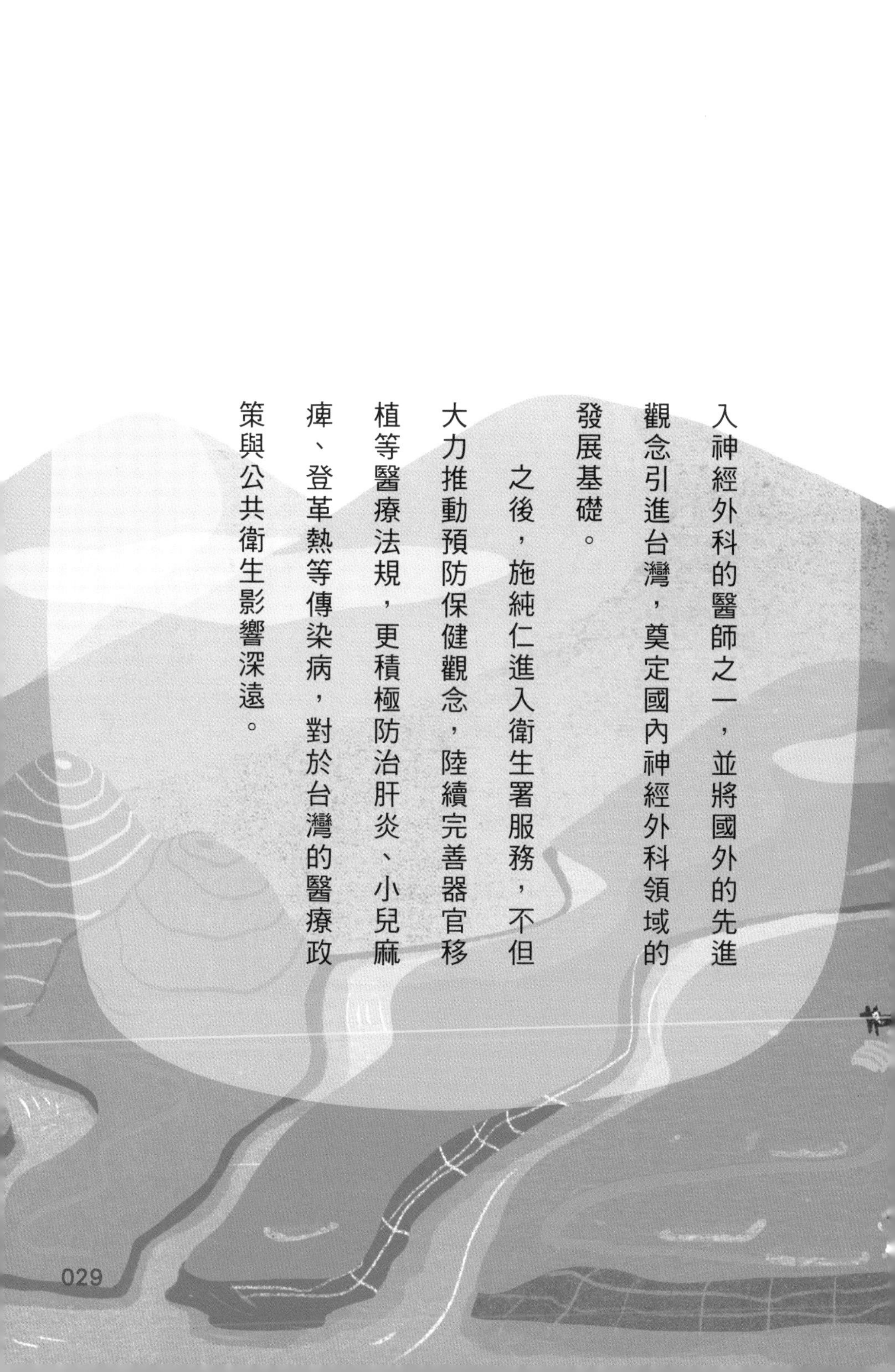

入神經外科的醫師之一，並將國外的先進觀念引進台灣，奠定國內神經外科領域的發展基礎。

之後，施純仁進入衛生署服務，不但大力推動預防保健觀念，陸續完善器官移植等醫療法規，更積極防治肝炎、小兒麻痺、登革熱等傳染病，對於台灣的醫療政策與公共衛生影響深遠。

第24站 霧峰

霧氣籠罩的山峰

你看過伸手不見五指的濃霧嗎？是否知道台中市的「霧峰區」這個地名，據說與當地的霧氣和地形密切相關呢？

清朝統治時期，中國移民陸續來到霧峰地區定居，並且興建水利建設，讓當地變成盛產稻米的聚落。進入二十世紀中期，台灣曾把一部分的政府機關和歷史文物搬遷到霧峰，使得這塊土地具有豐富而多元的文化內涵。

一起看看霧峰在台灣歷史上，扮演著什麼樣的重要角色！

多霧的山峰

根據主流說法，現在的霧峰區在數百年之前，曾是原住民「Ataabu社」的活動空間。

隨著漢人移民陸續前往當地開墾，進而發

現這裡的山峰經常被霧氣籠罩，他們便使用跟「Ataabu」的台語發音相近的「阿罩霧」稱呼這塊土地。

到了一九二〇年，統治台灣的日本官員，將「阿罩霧」這個地名，改成意思相近的「霧峰」一詞，從此沿用到今天。

香米的故鄉

霧峰因為擁有肥沃的土壤，加上地方仕紳積極建設灌溉溝渠，自古以來就是著名的稻米產地。

距今二十多年前，農學專家郭益全博士在霧

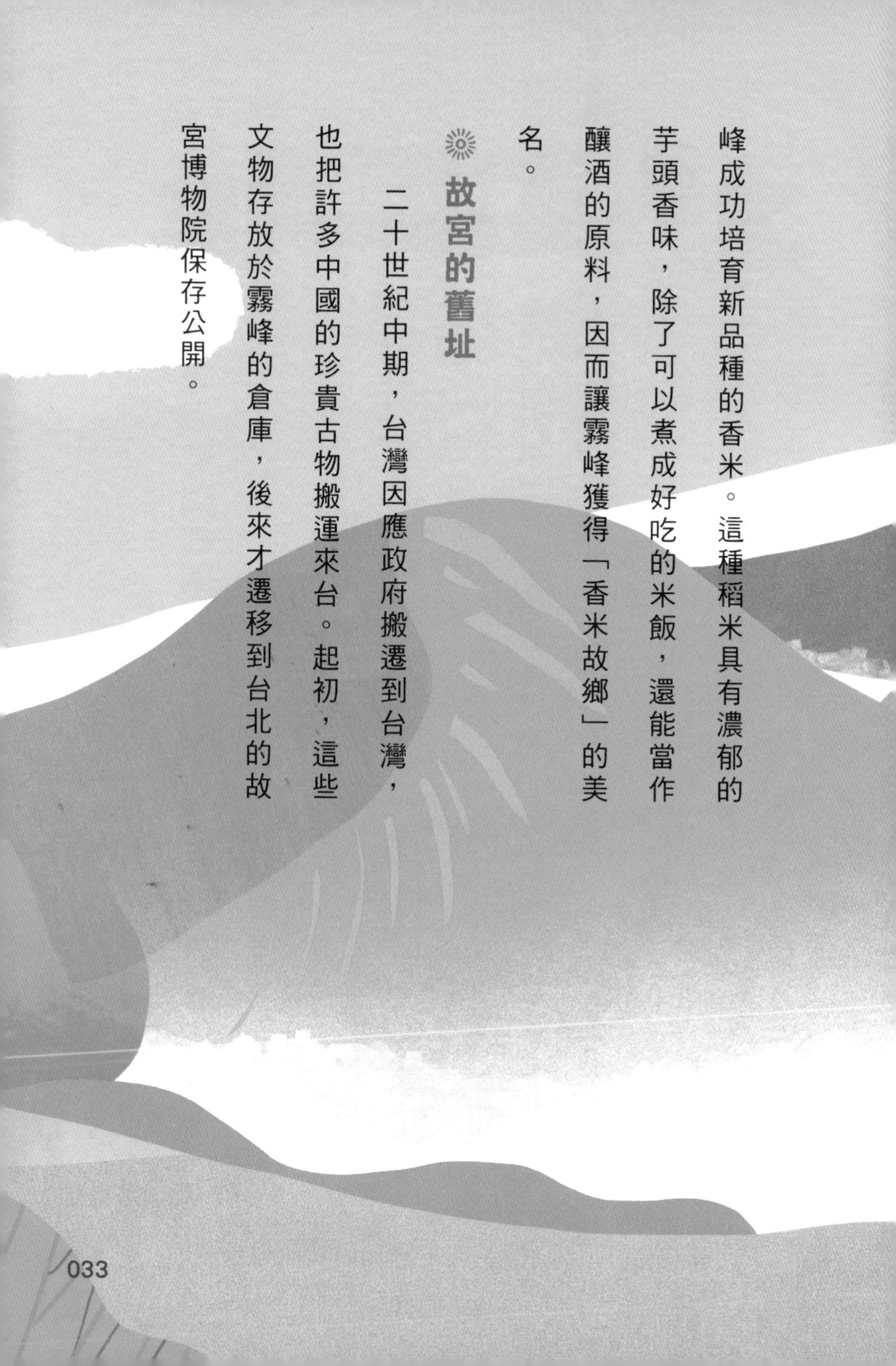

峰成功培育新品種的香米。這種稻米具有濃郁的芋頭香味，除了可以煮成好吃的米飯，還能當作釀酒的原料，因而讓霧峰獲得「香米故鄉」的美名。

故宮的舊址

二十世紀中期，台灣因應政府搬遷到台灣，也把許多中國的珍貴古物搬運來台。起初，這些文物存放於霧峰的倉庫，後來才遷移到台北的故宮博物院保存公開。

當地人與事

致力文化啟蒙的林獻堂

日本統治時期，台灣有五個家族因為富可敵國，因此並稱為「五大家族」。其中，「霧峰林家」的大家長林獻堂（一八八一至一九五六年），對於台灣的地方自治和文化啟蒙具有相當巨大的貢獻。

二十世紀初，林獻堂不滿日本政府對台灣實施差別待遇，決定出面領導台灣人

爭取地方自治，並與其他有識之士成立「台灣文化協會」，協助社會大眾學習近代知識。

除此之外，林獻堂堅決反對日本政府打壓漢文、要求台灣人改為日本姓氏等作法，藉由創設台中中學校（台中一中前身）、參加詩社、發行報紙等方式，持續推動文化啟蒙工作，是日本統治時期最重要的意見領袖之一。

第25站 國姓
屬於國姓爺的平地

你吃過中藥嗎？是否知道南投縣的國姓鄉，是「鹿茸」這項中藥的主要產地呢？

一九九九年，盛產鹿茸、枇杷、草莓的國姓鄉，因為遭遇「九二一大地震」而災情慘重。之後，官員和民眾為了重振在地經濟，合作創設搶成功、鹿神祭等富有特色的節慶活動，努力讓觀光和農畜產業重現生機。

你知道國姓這個地方的特色是什麼嗎？想不想來一趟好山好水之旅呢？

國姓爺土地

根據主流說法，國姓這個地名來自明朝將軍鄭成功其人。

十七世紀中期，明朝皇帝把自己的姓氏「朱」賜給鄭成功，使得人們尊稱鄭成功為「國姓爺」。後

來，鄭成功的部將帶領軍隊，抵達今天的南投縣西北部，並將當地命名為「國姓埔」，意思是屬於國姓爺的平地。

到了日本統治時期，日本官員將國姓埔簡稱為「國姓」，從此作為本地的正式名稱。

搶成功活動

一百多年以前，客家移民為了尋找適合開拓的土地，從台灣西部逐漸進入南投地區。

由於國姓位於客家人移居南投的主要路線，許多移民在此落地生根，也讓這裡發展為南投最大的客家聚落。

二十一世紀初，在地官民結合民俗文化與體育競賽，創辦「搶成功」這項活動，如今變成客家族群最具代表性的節慶之一。

水鹿的故鄉

自古以來，國姓就是台灣水鹿的重要棲息地。目前，國姓不但飼養了四千多頭水鹿，還有全台灣唯一的「鹿神」信仰，遂被賦予「水鹿故鄉」的美名。

當地人與事

驅逐荷蘭人的鄭成功

眾所皆知，台灣西部在三百多年前，一度由荷蘭人進行統治，直到明朝將軍鄭成功（一六二四至一六六二年）將他們逐出台灣，台灣才首次設置中國式行政區劃。

說到鄭成功為何會發兵攻取台灣，源自他在明朝末年，曾在中國東南沿海率軍抵抗清兵，卻因為戰事嚴重受挫，轉而思考在大海

對岸的台灣建立根據地的可行性。

十六世紀中期，鄭成功率領大軍攻打台灣的台南地區。在經歷長達數個月的戰鬥之後，總算迫使糧盡援絕的荷蘭守軍退出台灣。

之後，鄭成功不但以明朝制度在台灣設置行政區，還派遣軍隊在各地開墾田地（參見第42站〈左營：軍隊駐紮的營區〉），嘗試把台灣打造成對抗清朝的基地，從而奠定鄭氏三代經營台灣的重要基礎。

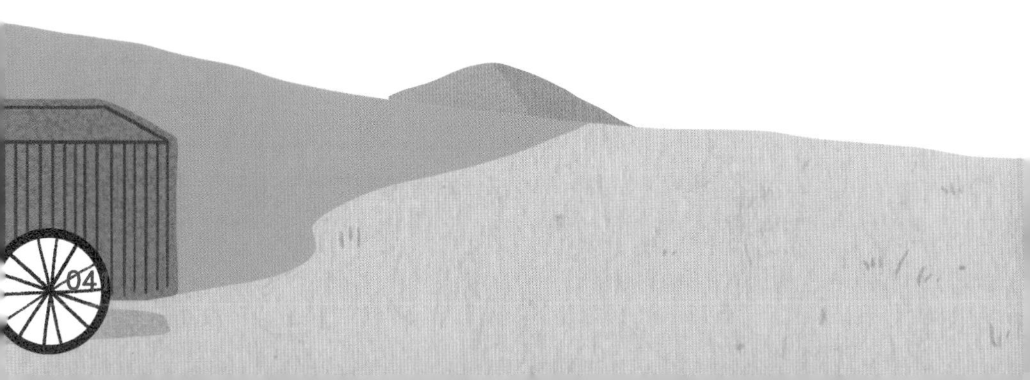

第26站 竹山

竹林茂密的山區

你用過免洗竹筷嗎？是否知道南投縣的竹山鎮，是台灣竹製品的重要產地呢？

近一百年以來，擁有大片竹林的竹山地區，曾經以盛產竹筍及各式竹製品聞名全台。隨著中國與東南亞國家開始販賣更便宜的竹製品，竹山的竹產

業頓時面臨劇烈衝擊，近年則積極轉型發展觀光產業。

你知道竹山在台灣歷史上，扮演著什麼樣的重要角色嗎？

茂密的竹林

現在的竹山地區，原本曾是原住民鄒族的活動空間。

十七世紀中期，明朝將軍林圮率領軍隊，抵達竹山一帶開墾，卻與鄒族人發生衝突而被殺害。之

後，來到該地拓墾的漢人，便把這裡取名為「林圮埔」，意思是林圮率先開闢的平地。

到了一九二〇年，日本官員看到林圮埔擁有茂密的竹林，便將地名改為「竹山」，從此沿用到今天。

前山第一城

位於台灣西部中央的竹山，自古就是各地往來的交通要衝，因此迅速變成中部最熱鬧的聚落之一。

十九世紀末，清朝政府為了加強對台灣的統

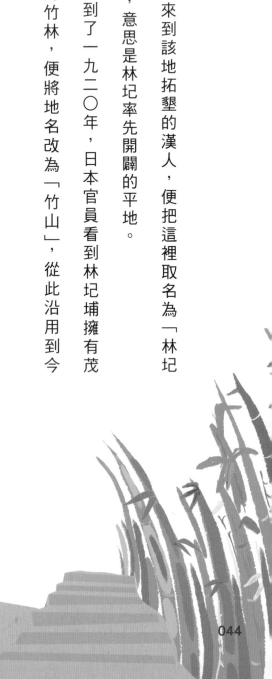

治，從北、中、南部分別修築通往東部的橫貫道路。

此時，繁榮的竹山是中部道路的起點，因而獲得「前山第一城」美名。

發展竹產業

早期，竹山許多農民透過採收竹筍、加工竹材賺取收入。直到一九八〇年代，台灣的竹製品無法對抗外國競爭，迫使部分農民砍伐竹林，轉而栽種經濟價值較高的茶樹。

台灣竹編工藝推手黃塗山

在我們的日常生活中，經常可以看到竹籃、竹篩、竹蓆這些使用竹材編製的各式用具。說到台灣最具代表性的竹編工藝師，就不能不提生於南投竹山、屢次獲得政府肯定的竹編工藝推手黃塗山（一九二六至二〇二〇年）。

二十世紀中期，黃塗山為了學習一技之長，進入家鄉的竹材工藝傳習所學習竹編技術。沒過

多久，定居台灣的日本人因為第二次世界大戰結束，需要大量的竹製行李箱裝回國行李，促使精研竹編技巧的黃塗山決定以此為業。

之後，黃塗山長年在工藝研究單位開發竹材產品與教導竹編技術，進而培育許多著名的竹編工藝師。難能可貴的是，他在退休之後仍然秉持職人精神，積極投入竹編工藝的創作與保存，對於台灣的竹編產業具有非常重要的貢獻。

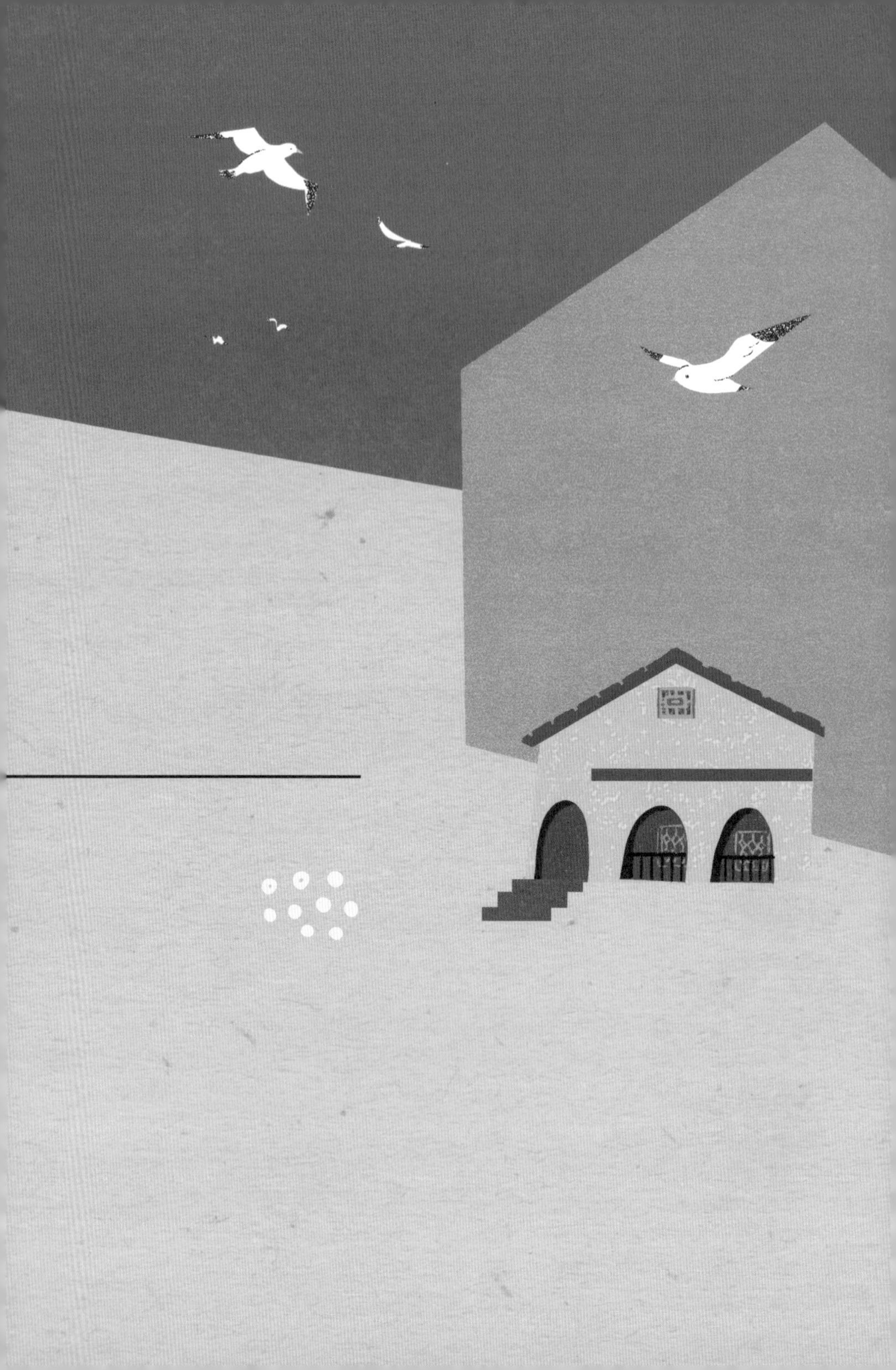

第五部

彰化縣

雲林縣

嘉義縣

第27站 彰化

彰顯皇帝的教化

你喜歡吃肉圓嗎？是否知道位於台灣中部的彰化縣，是遠近馳名的肉圓故鄉呢？

清朝統治時期，擁有「台灣穀倉」之稱的彰化，曾經是中台灣的政治兼經濟中心。到了二十世紀初，彰化因為坐落山線和海線鐵路的交會處，因而設置調度蒸汽火車頭的扇形車庫，現在成為台灣珍貴的文化資產。

你知道彰化位於台灣的哪個位置？這裡有沒有吸引你的地方呢？

地名乘載期待

在漢人移民來到彰化以前，這裡曾經是原住民巴布薩族的活動空間，並分為好幾個部落。

隨著漢人陸續遷居當地，他們先是以巴布薩族部落「半線社」為名，將彰化地區稱為「半線」。

十八世紀初，清朝政府為了深入統治台灣，在虎尾溪和大甲溪之間，設立新的行政區域「彰化」，期許該地可以如同名稱一般顯彰天子的教化。

美味肉圓故鄉

雖然台灣各地都能吃到肉圓，據說彰化才是這項美食的發源地。

關於肉圓這種食物，是以在來米粉或番薯粉製作外皮，包裹豬肉、竹筍、香菇等食材烹調，最後淋上醬料食用。不同於台灣南部大多使用蒸籠蒸熟肉圓，彰化以北會在炊蒸肉圓之後，再放入油鍋加以油炸。

如今，肉圓與爌肉飯、貓鼠麵等三項小吃，被世人譽為「彰化三寶」。

珍貴扇形車庫

由於彰化是縱貫鐵路的交會處，日本官員曾在此地建造維修火車頭的扇形車庫。目前，彰化扇形車庫保存好幾輛珍貴的蒸汽火車頭，因此擁有「火車頭旅館」美名。

當地人與事

台灣現代文學之父賴和

一九二〇年代，有些台灣作家開始提倡以通俗的白話文進行創作。其中，生於彰化、被譽為「台灣現代文學之父」的賴和（一八九四至一九四三年），無疑是台灣文壇最重要的領頭人物之一。

二十世紀初，畢業於台灣總督府醫學校的賴和，有機會前往中國福建的醫院工作。當

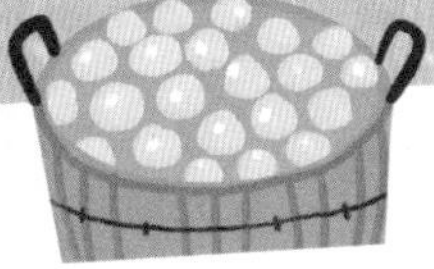

時，賴和深受中國新文學運動的刺激，認為以白話文撰寫的文學，具有啟蒙社會大眾的重要功能。

返回台灣後，賴和一面為病人看病，一面撰寫同情台灣平民處境、針砭日本政府統治弊端的白話文小說。與此同時，他不畏懼日本統治者的多次打壓，積極參與台灣文化協會（參見第24站當地人與事〈致力文化啟蒙的林獻堂〉）等團體的活動，終其一生為提升台灣人的文化水準努力奮鬥。

第28站 鹿港
聚集鹿隻的港口

你聽過「正港」這個名詞嗎？是否知道彰化縣的鹿港鎮，曾經是台灣最重要的官方港口呢？

十八世紀末，清朝政府指定鹿港作為台灣本島往返中國大陸的正式港口，使得鹿港迅速變成台灣最繁榮的城市之一。之後，鹿港的經濟發展一度趨於停滯，直到三十多年前，轉型成以古老建築和傳統工藝聞名的旅遊景點。

你想去鹿港走走逛逛嗎？那裡有沒有吸引你的地方呢？

地名之謎

說到鹿港一名的由來，長年流傳著以下四種說法：當地以前有很多鹿、土地形狀與鹿相似、受到原住民地名的台語發音影響、本地人將穀倉稱為「鹿」。

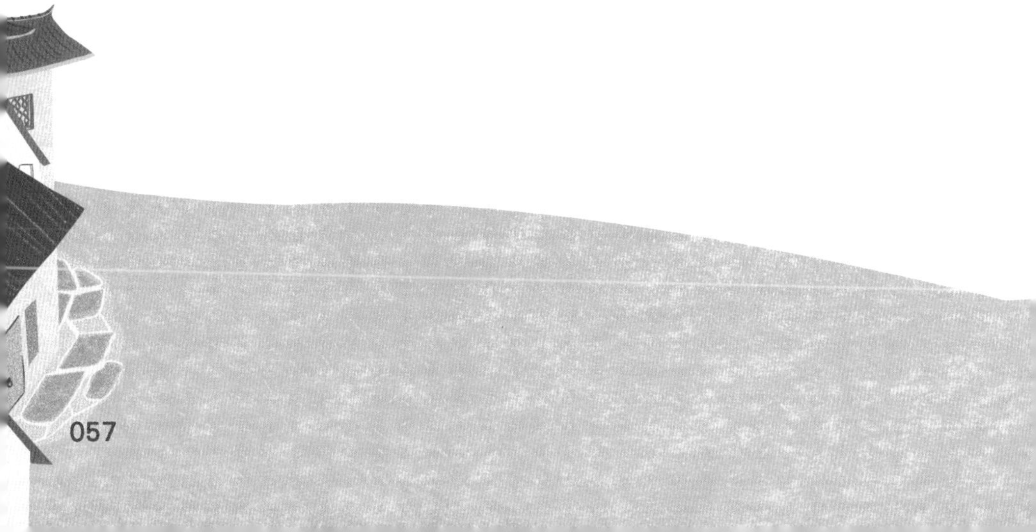

針對這個問題，有學者指出鹿港以前稱為「鹿仔港」，而台語的「仔」若是放在兩個名詞之間，則用來形容兩者之間的關係。

換句話說，「鹿仔港」原意是指鹿的港口，因此當地以前有很多鹿的說法最具有可信度。

※官方口岸

由於鹿港位於台灣西海岸的中間點，加上距離中國相對接近，清朝政府便於兩百多年前，指定該地作為台灣往來中國的正式港口，進而吸引大批商人湧入鹿港做生意。

然而，鹿港後來因為港口淤積，造成商船無法停泊，加上日治時期興建的縱貫鐵路沒有通過鹿港，導致當地的經濟地位一落千丈，迫使鹿港居民到外地謀生就業。

獲得新生

鹿港現在仍然保有諸多廟宇、店屋等古老建築，並且持續流傳製作扇子、雕刻神像、彩繪燈籠這些傳統工藝，是台灣相當著名的文化古城。

獲得日本政府重用的辜顯榮

日本統治時期，台灣有五個家族因為富可敵國，因此並稱為「五大家族」。其中，開創「鹿港辜家」事業版圖的辜顯榮（一八六六至一九三七年），是個歷史評價兩極的重要人物。

一八九五年，台灣軍民為了抗拒日本政府統治，決定成立「台灣民主國」抵抗日軍。

當時，辜顯榮決定協助日軍接收台北城，並幫忙日本官員平定台灣中南部，因而獲得日本政府的重用。

之後，辜顯榮憑藉日本官員的信任，積極經營製糖、製鹽、樟腦、土地開墾等事業，迅速累積龐大的財富。

另一方面，辜顯榮不但長期擔任公職，主動配合日本政府的政策，更成為台灣第一位由天皇任命的貴族院議員，不難想見他在當時的巨大影響力。

第29站 北港

溪水分隔的北岸城鎮

你去過媽祖廟嗎？是否知道雲林縣北港鎮的朝天宮，是台灣著名的媽祖信仰中心呢？

距今四百年以前，北港不像現在距離大海較遠，而是一個靠海的港口。隨著溪水帶來的泥沙在下游持續堆積，北港變得離海岸線越來越遠，

最後失去港口的機能，轉型成為遠近馳名的宗教觀光城鎮。

你是否想要去北港看看？那裡有沒有吸引你的地方呢？

※溪水分隔聚落

在荷蘭統治時期，來到北港一帶的荷蘭人，可能受到原住民洪雅族的影響，將這裡稱為「Ponkan」，而來自中國的漢人則將地名改成台語發音相近的「笨港」。

後來，笨港由於溪水氾濫，導致聚落被水流一分為二，分別稱為笨北港與笨南港。沒過多久，笨北港進一步簡稱為北港，而笨南港則變成今天的嘉義縣新港鄉。

媽祖信仰中心

十七世紀末，有位僧人帶著媽祖神像抵達北港。對於依賴海路的北港百姓來說，能夠保佑航行平安的媽祖，可說是最重要的守護神，促使他們興建朝天宮予以祭祀。

沒過多久，北港因為海上貿易越來越繁榮，而在地居民認為這是多虧了媽祖的幫助，紛紛熱心捐款協助整修朝天宮。

如今，擁有三百多年歷史的朝天宮，不僅是

北港唯一的國定古蹟，更是全台聞名的媽祖信仰中心，每年吸引許多信徒到此進香參拜。

※花車遊行活動

北港地區每逢媽祖誕辰，會推出由小孩子扮演古代人物、從花車上分發平安糖的遊行活動。據說，坐在花車上的小朋友，將會得到媽祖的庇佑平安長大。

當地人與事

充滿謎團的海盜顏思齊

位於雲林縣北港鎮的民主路與文化路交叉口，有一塊方形的「顏思齊先生開拓台灣登陸紀念碑」，是台灣用來紀念明朝的海商兼海盜顏思齊（一五八九至一六二五年），據說曾經率領部眾前往北港開墾的故事。

值得注意的是，顏思齊因為缺乏相關

歷史記載，加上他的事蹟與另一位海盜高度相似，使得人們一度懷疑這位人物是否真實存在。經到學者仔細比對許多史料，才終於證實顏思齊是真有其人。

附帶一提，根據現在的主流研究，顏思齊與部屬登陸的北港，其實並非雲林縣的北港鎮，而是今天的嘉義縣布袋鎮一帶（參見第32站：〈布袋：潟湖出口的魚鹽之鄉〉）。

第30站 虎尾
盛產甘蔗的製糖重鎮

你喜歡吃甜食嗎?是否知道雲林縣的虎尾鎮，曾經擁有全台灣產量最大的製糖工廠呢?二十世紀初，虎尾原本是個人煙稀少的小村落，後來因為日本商人在此建設大型糖廠，進而引進勞動人力和基礎建設，促使虎尾蛻變為工商業發達的熱鬧市街。

你知道虎尾在台灣歷史上，扮演著什麼樣的重要角色嗎？

地名由來

根據荷蘭人的記載，虎尾地區在四百年以前，曾是原住民虎尾壠社的勢力範圍。

隨著漢人陸續進入虎尾開墾，他們起初將這裡取名為「五間厝」，並且以虎尾壠社為靈感，將當地的溪流命名為「虎尾溪」。

到了日本統治時期，日本官員看到五間厝是重要的砂糖產地，決定提升該地的行政地位，同時根據虎尾溪這個名字，將地名改為「虎尾」，從此沿用到今天。

※糖業重鎮

一百多年以前，日本企業家發現虎尾非常適合種植甘蔗，因而在這裡設立大型的製糖公司。

為了發展製糖事業，日本人不僅在虎尾興建工廠及宿舍，還鋪設糖廠專用的鐵路，以便運送源源不絕的甘蔗和乘客。

受到製糖工廠的吸引，許多民眾紛紛前往虎尾尋找工作機會，頓時讓當地變成熱鬧的糖業重鎮。直到二十世紀中期，蔗糖的售價日益低落，才讓虎尾的製糖工業逐漸失去昔日的榮景。

毛巾之都

現在，我們到賣場採買東西時，經常可以看到標榜「台灣製造」的優質毛巾。這些台灣製毛巾，約有七成在虎尾生產製造，也讓當地獲得「毛巾之都」的稱號。

當地人與事

布袋戲大師黃海岱

一九七〇年代，台灣電視公司播出的布袋戲節目《雲州大儒俠》，曾經風靡台灣各個大街小巷。事實上，《雲州大儒俠》是以定居虎尾的布袋戲大師黃海岱（一九〇一至二〇〇七年）的經典作品改編而成。

說到黃海岱與布袋戲結緣的契機，源自他的父親是布袋戲藝師，使得黃海岱從

小耳濡目染，並且獲得機會陸續向其他師傳學習技藝。

之後，黃海岱接手父親的布袋戲班，一面將許多古典小說改編成布袋戲故事，一面透過精采生動的表演方式，受到廣大觀眾熱烈歡迎。

此外，黃海岱不但留下珍貴的布袋戲劇本，更培育許多布袋戲藝師，對於台灣的布袋戲發展具有非常重要的貢獻。

第31站 嘉義

獲得讚美的忠義之地

你吃過火雞肉飯嗎？是否知道這道美味小吃，來自嘉義餐飲業的創新發明呢？

十九世紀末，嘉義地區因為日本政府積極採伐阿里山的森林，迅速變成集散木材的繁榮城市。隨著政府在一九六〇年代停止砍伐事業，原本用來搬運木材的小火

車，轉型成載運民眾的重要交通工具。

你去過嘉義嗎？那裡有沒有吸引你的地方呢？原因是什麼呢？

官府賜予地名

距今三百多年以前，來到嘉義的漢人移民，聽到本地原住民洪雅族的聚落稱為「Tirocen」，便將地名改為台語發音相近的「諸羅山」。進入清朝統治時期，官員再把「諸羅山」簡稱為「諸羅」，以此作為縣名。

後來，彰化天地會的首領林爽文不滿清朝統治，集結

民眾攻打諸羅縣城，卻遭遇諸羅官民奮力防守而無法攻下。事後，清朝政府把諸羅一名改為「嘉義」，以此嘉許軍民死守城池的忠義之心。

號稱木材都市

日本統治時期，日本官員發現阿里山蘊含了豐富的森林資源。

為了開發山區的珍貴檜木，日本政府興建從嘉義市區通往阿里山的鐵路，將大量的原木運到平地進行加工，促使嘉義發展出蓬勃的木材工業，因而獲得「木材都市」美

名。

然而，長年砍伐森林導致自然生態遭到破壞，迫使官方在一九六〇年代停止阿里山的伐木工作，轉而發展觀光事業。如今，阿里山成為以日出、雲海、神木等風景聞名的森林遊樂區。

火雞肉飯聞名

二十世紀中期，派駐嘉義協助台灣防務的美國軍隊，帶來火雞的料理方式。經過在地業者的改良，便宜又富有營養的火雞肉飯，堪稱嘉義最道地的美味小吃之一。

當地人與事

挺身而出的畫家陳澄波

發生於一九四七年的「二二八事件」，奪走了許多台灣菁英的寶貴生命。其中，生於嘉義的畫家陳澄波（一八九五至一九四七年），對於台灣美術界具有不可抹滅的重要意義。

一九二〇年代，對繪畫充滿熱情的陳澄波，前往日本刻苦學習油畫，進而以〈嘉義街外〉這幅畫作入選帝國美術展覽會，是台灣第一位獲得此項殊榮的畫家。

之後，陳澄波持續獲得日本美術界肯定，並與其他台灣藝術家組織美術團體及相關活動，同時留下不少以嘉義和淡水（參見第12站〈淡水：船員補充飲水的地方〉）作為主題的油畫。

隨著台灣在第二次世界大戰後接收台灣，陳澄波不但繼續推展台灣美術事業，更在二二八事件期間，嘗試擔任政府與台灣社會的溝通橋樑。

二十世紀末，嘉義市為陳澄波樹立一座全身塑像，以此紀念這位勇敢畫家的成就與貢獻。

第32站 布袋

潟湖出口的魚鹽之鄉

　　每次過年，年夜飯一定少不了豐盛的海鮮料理！你是否知道嘉義縣的布袋鎮，是個以海鮮聞名的漁村聚落呢？

　　十七世紀初，布袋因為擁有豐富的漁獲、鹿皮、石灰等物產，吸引荷蘭人在此設立據點。之後，布袋長年作為台灣和中國做生意的重要港口，繁華程度一度被稱為「小

上海」。直到一九四九年兩岸貿易中斷，造成布袋的商業活動大受打擊。

你知道布袋在台灣歷史上，扮演著什麼樣的重要角色嗎？

位於潟湖出口

四百年以前，中國漁民經常前往布袋外海捕撈魚群，進而登陸布袋地區拓墾定居。

關於「布袋」一名的由來，源自現在的嘉義和台南交界，曾有一個形狀近似布袋的潟湖「倒風內海」。

當時，漢人看到布袋位於倒風內海的出口，便將這裡取名為「布袋嘴」。到了日本統治時期，日本官員再將地名簡化為「布袋」，從此沿用到今天。

養魚又晒鹽

布袋沿海的土壤含有許多鹽分，難以種植農作物，促使住民開闢魚塭養殖魚類，或是取海水曝晒製鹽。

由於食鹽是生活必需品，加上倒風內海逐漸淤積變成陸地，布袋逐漸蛻變為內陸城鎮的物產集散地，堪稱台灣南部對外貿易的主要港口之一。

到了二十世紀中期，台灣船隻受到兩岸局勢影響，無法前往中國買賣商品，導致布袋的經濟地位從此一落千丈。

衝水路迎客王

每逢「王爺」這位神明的生日，布袋的新塭嘉應廟，不但會邀請其他廟宇的神祇參加慶典，還會將神轎抬進溪中迎神，稱為「衝水路迎客王」，是一項非常特別的民俗活動。

祖師爺的女兒孫翠鳳

眾所皆知，生於嘉義布袋的著名歌仔戲演員孫翠鳳（一九五八年至今），是歌仔戲劇團明華園的當家台柱。

值得一提的是，孫翠鳳的父母都是歌仔戲演員，使她從小就知道歌仔戲表演的辛苦，一度選擇與歌仔戲保持距離，甚至連台語都不太會說。

直到一九八〇年代，孫翠鳳與出身明華園的

親戚結婚，後來更因緣際會加入劇團演出，進而愛上歌仔戲這個充滿文化特色的表演藝術。

之後，孫翠鳳一面苦練歌仔戲的各種角色，慢慢成為明華園的當家演員；一面也在電影、歌唱、舞台劇等表演領域取得亮麗成績，被人們譽為戲曲界祖師爺田都元帥的女兒。

與此同時，孫翠鳳還積極投入歌仔戲的推廣與傳承工作，致力讓世界各國的人們都能接觸歌仔戲之美。

第33站 民雄
原住民的生活空間

你喜歡聽廣播嗎？是否知道嘉義縣的民雄鄉，擁有台灣第一座介紹廣播歷史的博物館呢？

數百年以前，民雄一帶曾經是原住民的活動範圍。之後，來自中國的漢人移民，陸續抵達民雄開闢荒地，進而讓這裡變成繁華的村落，如今

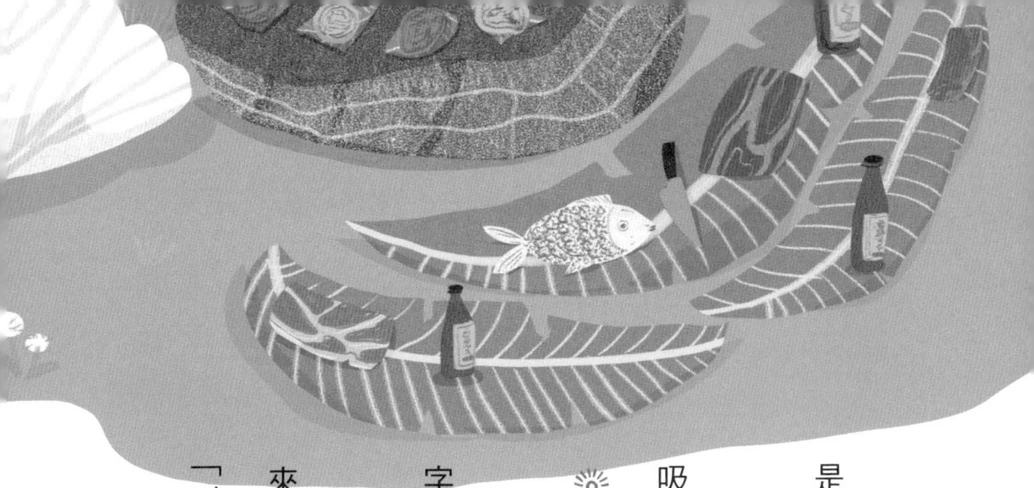

是嘉義縣人口最多的鄉鎮。

你知道民雄這個地名的由來嗎？這裡有沒有吸引你的地方呢？

打貓變民雄

現在的民雄地區，原本叫作「打貓」這個名字。

關於打貓一名的由來，主流說法認為當地本來是原住民「Taneaw社」的生活空間，而漢人從「Taneaw」社獲得靈感，以台語發音相近的「打貓」命名這塊土地。

到了日本統治時期，日本官員覺得「打貓」不夠文雅，將地名改成日文讀音接近的「民雄」，從此沿用到今天。

※廣播文物館

二十世紀中期，日本政府為了向中國及東南亞播送廣播，決定在民雄興建具備大型天線的廣播電台，當時稱為「民雄放送所」。

台灣接管台灣之後，這座廣播電台仍然是政

府對海外傳送節目的重要設施。直到二十多年前，電台轉型成展示廣播文物的博物館，是一個寓教於樂的名勝古蹟。

大士爺信仰

民雄有一座祭拜「大士爺」這位神祇的古老廟宇。每到普渡的時節，廟方會訂製大士爺的糊紙塑像予以供奉；等到祭典告一段落，眾人會將紙張製成的祭品連同塑像一起焚化，是當地特有的民俗活動。

當地人與事

台灣交趾陶第一人葉王

每當我們去廟宇參拜，經常會在建築的牆面和屋頂，看到許多以民間傳說、歷史故事、動物花草作為主題的漂亮交趾陶。說到以製作交趾陶聞名的藝師，就不能不提生於嘉義民雄、被譽為「台灣交趾陶第一人」的葉王（一八二六至一八八七年）。

由於父親是製作陶器的陶工，葉王不但從小

耳濡目染，更曾向修建廟宇的師傅們學習塑造雕像、調配釉藥、燒製陶器等技巧。

之後，葉王有機會為嘉義的寺廟製作交趾陶藝品，並且因為技藝精湛而大獲好評，進而獲得嘉南地區許多廟宇聘請燒製交趾陶。

值得一提的是，葉王的交趾陶作品雖然多數沒有保存至今，仍有大約十件精品被台灣賦予「文化資產」身分，值得所有人一同用心維護。

第六部

台南市

第34站 官田

官府擁有的田地

你知道台南市有個行政區叫作「官田」嗎？是否知道這個地方，其實是台灣最重要的菱角產地呢？

距今四百年以前，荷蘭人為了和東亞國家做生意，因而在台灣建立貿易基地，並從中國招募漢人來台灣開墾定居。然而，官田所在的嘉南平原，長年面

臨缺水問題，直到二十世紀初興建烏山頭水庫，才讓這塊遼闊的原野獲得「穀倉」美名。

你知道官田在台灣歷史上，扮演著什麼樣的重要角色嗎？

官府田地

十七世紀初，來自歐洲的荷蘭人，想在亞洲拓展貿易事業，便選擇在台灣南部設立根據地。當時，荷蘭人把廣闊的土地劃為國家所有的「王田」，徵募中國漢人移居台灣協助開墾。

之後，明朝將軍鄭成功把荷蘭人逐出台灣（參見第25站當地人與事〈驅逐荷蘭人的鄭成功〉），並把接收的「王田」改稱為「官田」。到了日本統治時期，官田從原本泛指官府的田地，變成行政區的正式名稱，從此沿用到現在。

※ 建造水庫

一九二〇年代，日本政府為了解決嘉南平原經常缺水的問題，決定在官田溪上游，建造大型的水利工程「烏山頭水庫」。

這座水庫落成之後，農民即便碰到沒下雨的日子，也有水源灌溉田地，使得嘉南平原的稻米產量出現飛躍的成長。

菱角故鄉

四十年前，政府看到稻米生產過剩，開始鼓勵官田的農夫改種菱角。如今，官田的菱角產量名列全台第一，因而得到「菱角故鄉」的稱號。

嘉南大圳之父八田與一

眾所皆知，嘉南平原是台灣面積最大的平原，並以盛產稻米和甘蔗著稱。

事實上，嘉南平原直到二十世紀初，因為缺乏穩定的水源加以灌溉，使得這片遼闊土地收成相當有限。

為了增加台灣的稻米產量，日本政府指派土木工程師八田與一（一八八六至一九四二年）進

行調查與規劃，並讓他主持嘉南大圳的設計和興建工作。

為了確保灌溉水源，八田與一在台南的官田與六甲建造烏山頭水庫，繼而竭盡心思完成灌溉面積廣達十五萬公頃的嘉南大圳。

嘉南大圳完工後，不僅解決嘉南平原的水患和乾旱等問題，更大幅提升當地的稻米、甘蔗、雜糧等產量，促使嘉南平原蛻變為台灣的「穀倉」，也讓心懷感謝的農民尊稱八田與一為「嘉南大圳之父」。

第35站 鹽水

水運便利的潟湖港口

你知道元宵節是農曆的幾月幾日嗎？是否知道台灣有哪些元宵節的習俗活動呢？

距今四百年以前，現在的台南市北方，曾經有個廣大的潟湖。當時，鹽水坐落溪流通往潟湖的出海口，逐漸形成繁榮的港口城鎮。直到十九世紀末，鹽水因為泥沙淤

積，逐漸失去水運機能，如今轉型為以蜂炮、燈節聞名的觀光景點。

你覺得鹽水這個地方有什麼特色？它的地名又是怎麼來的呢？

※海水鹽分高

十六世紀初，現在的鹽水地區，曾經是原住民西拉雅族的活動空間。

據說，原住民起初把鹽水一帶叫作「Takuba」，意思是「祭祀祖靈的場所」。另一方面，來自中國的漢人，則

將名稱改為台語發音相近的「大龜肉」。

後來，漢人看到本地位於溪流與潟湖的交界處，便把地名改成「鹽水」，形容含有大量鹽分的海水可以直達當地。

蜂炮驅瘟疫

大約一百三十年以前，鹽水發生一場大瘟疫，造成許多住民染病身亡。

此時，惶惶不安的百姓聚集於武廟討論對策，繼而在農曆正月十三日，也就是關聖帝君成為神明的日子，推出

神轎繞境出巡，並且沿路燃放鞭炮，祈求能夠消災解厄，最後順利驅除疫情。

從此，信徒為了答謝關公顯現神威，每年的元宵節都會迎請神轎出外巡視。與此同時，民眾還會點燃造型多樣、會發出尖銳聲響的蜂炮，堪稱極具特色的民俗活動。

月津港燈節

以前，鹽水由於港口的形狀類似新月，因而擁有「月港」、「月津」等別名。

近年來，政府不但將舊港口整建為親水公園，還配合元宵節在此舉辦燈節，成功賦予當地新的地標與特色。

當地人與事

揚名日治詩壇的黃金川

在日本統治時期，台灣曾經有好幾位女性詩人活躍於當代文壇。其中，出生於台南鹽水的黃金川（一九〇七至一九九〇年）不但擁有「才女」美名，還在家人的幫助下，出版了台灣第一部女詩人詩集《金川詩草》。

不同於當時多數女性少有接受高等教育的機會，黃金川因為家境富裕，加上母親擁有開

明的思想，使她有機會陪同兄長前往日本讀書。

學成返台後，黃金川一面跟著著名文人學習詩詞及漢文，一面積極參與詩社的吟詩活動，繼而在詩壇逐漸嶄露頭角。

一九二九年，黃金川與「高雄陳家」（參見第39站當地人與事〈雄霸南台灣的富商陳中和〉）的子弟結婚，並在婚後持續創作詩文。黃金川的詩作，提供我們認識當時女性想法的重要媒介，堪稱相當難得的時代見證。

第36站 安平

鄭成功命名的城鎮

你去過台南市的安平古堡嗎？是否知道「台灣」這個名字，最早其實是指今天的安平地區，後來才變成整座島嶼的名稱呢？

四百年以前，來自歐洲的荷蘭人率先占領安平，並以此地作為國際貿易的轉運站。之後，安平先是變成鄭成功家族對抗

清朝的根據地，後來更成為南台灣的主要港口。直到日本統治初期，安平港的重要地位，才逐漸被後起的高雄港取代（參見第39站〈高雄：海浪洶湧的港都〉）。

你知道安平在台灣歷史上，扮演著什麼樣的重要角色嗎？

※台灣改名安平

數百年之前，台南市西部曾經有個遼闊的潟湖「台江內海」，而現在的安平區，則是瀕臨台江內海的沙洲。

當時，在安平一帶活動的漢人，看到當地有個廣大的海灣，就把這裡稱為「大灣」，進而衍生出台語讀音相近的「大員」、「台灣」等地名。

十七世紀中期，明朝將軍鄭成功率軍趕走駐守台灣的荷蘭人（參見第25站當地人與事〈驅逐荷蘭人的鄭成功〉），並以故鄉福建安平鎮為靈感，將大員改名為「安平」，從此沿用到今天。

港口泥沙淤積

從荷蘭統治時期開始，安平因為可以停泊大型船隻，加上台灣距離中國、日本、東南亞不遠，使得安平成為台灣對外貿易的主要港口。

不過，台江內海到了三百年前，開始出現泥沙淤積的現

象，導致大船逐漸無法停靠安平港。

到了二十世紀初，日本政府決定大力建設高雄港，連帶衝擊安平港的使用情況，進而影響高雄和台南的經濟發展。

劍獅裝飾辟邪

在安平各地，經常可以看到描繪獅頭咬著一把劍的圖騰。這種「劍獅」圖像，據說可以驅除邪惡，是安平地區特有的辟邪裝飾。

輔佐明鄭開闢台灣的陳永華

作為台南市最高行政機關的台南市政府，在安平區與新營區都設有辦公廳舍。其中，位於安平區的市政府建築取名為「永華市政中心」，便是為了紀念輔佐明鄭開闢台灣的陳永華（？至一六八〇年）。

十七世紀中期，陳永華因為不願接受清朝統治，決定加入鄭成功麾下，並在鄭

成功去世後，被主君鄭經賦予重任，持續協助鄭家建設台灣。

為了改善糧食不足的問題，陳永華除了繼續安排軍隊開墾田地，還積極種植甘蔗提煉蔗糖，並且引進先進的製鹽方法。

此外，陳永華不但在台南興建孔廟，並在各地設立學校推動儒家教育，對於台灣的經濟與文化發展，都有非常重要的貢獻。

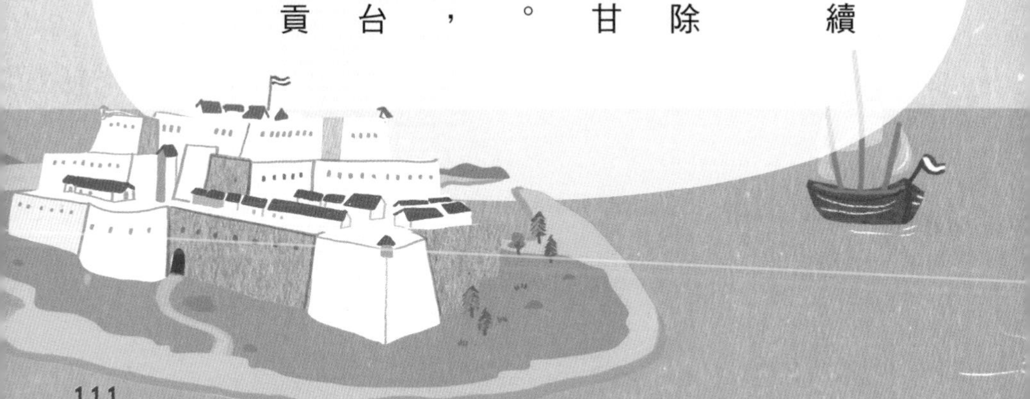

第37站 白河

白色溪水流經的蓮鄉

你吃過蓮子嗎？是否知道台南市的白河區，其實是台灣最大的蓮子產地喔！

二十世紀末，台灣為了改善稻米生產過多的問題，開始鼓勵農民改種其他農作物。此時，白河地區的稻農，決定種植可以食用和觀賞的蓮花，加上政府

積極推廣宣傳，促使當地變成全國知名的蓮花故鄉。

你想去白河玩嗎？那裡有沒有什麼吸引你的特色呢？

溪名變成地名

根據主流說法，來自中國的漢人移民在兩百多年前，看到白河地區適合作為往來平地與山區之間的中繼站，因而在這裡開設商店，使得當地被人們稱為「店仔口」。

到了日本統治時期，日本官員認為店仔口一名不

夠典雅，就以流經該地的白水溪為靈感，將地名改成「白河」，從此沿用至今。

附帶一提，白水溪的名字由來，源自溪流沿岸有許多石灰石，使得溪水含有白色石灰質的緣故。

水源火焰共存

十八世紀初，人們在白河的關子嶺看到一處石壁，同時有泉水流出與火焰燃燒的奇特景象。

之後，研究者發現這塊石壁同時有地下水與天然氣冒出，加上可能有人為了開闢農田，在當地焚燒草

木，導致火焰藉由天然氣持續燃燒，形成「水火同源」的奇景。

除此之外，關子嶺因為擁有罕見的泥漿溫泉，從一百多年前就是台灣著名的溫泉勝地，至今仍然吸引眾多遊客慕名而來。

變身蓮花故鄉

一九九〇年代，白河農民在政府的大力協助下，不但大規模種植美麗的蓮花，還積極銷售蓮子、蓮藕粉等相關產品，堪稱台灣最著名的蓮花故鄉。

台灣盲人教育開創者甘為霖

眾所皆知，眼睛堪稱人類的「靈魂之窗」。倘若失去寶貴的視力，將會嚴重影響我們的日常生活。

十九世紀末，來自英國的基督教傳教士甘為霖（一八四一至一九二一年），為了幫助眼睛失明的台灣民眾培養一技之長，決定在台南創設台灣第一間盲人學

校，協助失明者學習點字、算術、手工藝等技能，因而被視為台灣盲人教育的開創者。

除了熱心推動盲人教育，甘為霖也在台灣各地積極設立教會。即便傳教工作一度在白河地區遭遇挫折，甘為霖卻絲毫沒有退縮，持續前往山區和離島宣揚教義，並且出版許多台灣主題的文史著作，有助於我們認識台灣過去的風土民情。

第38站 後壁

生產好米的台南穀倉

你知道台灣西南部的嘉南平原，是台灣最大的平原嗎？是否知道坐落嘉南平原中央的台南市後壁區，其實是盛產好米的知名穀倉喔！

起初，後壁本來是當地小村落的名

字，後來變成整個行政區的正式名稱。隨著政府在嘉南地區陸續完成重大水利工程，後壁的稻米產量不但持續名列前茅，更曾在二〇〇六年獲選為全台最優秀的「冠軍米」。

你知道後壁在台灣歷史上，扮演著什麼樣的重要角色嗎？

台語作地名

關於後壁一名的由來，主要流傳以下兩類說法。

有人認為，這個村落以前有條阻礙交通的河流，直到一位滿臉鬍鬚的男子，製作木筏方便民眾渡河。後來，居民以這位男子為靈感，把該地稱為「鬍伯」，進而改用台語發音相近的「後壁」作為地名。

另外，也有人主張這個村子的北方，曾經是另一個更熱鬧的聚落「下茄苳」。所以，人們以台語的「後壁」一詞命名這塊土地，意思是「下茄苳後方的村落」。

台灣的米倉

在日本統治時期，日本政府看到嘉南平原雖然擁有肥沃的土地，卻因為水源不足導致收成有限，決定興建大型水利建設「嘉南大圳」（參見第34站當地人與事〈嘉南大圳之父八田與一〉），以此改善農田的缺水問題。

等到嘉南大圳完工後，日本官員在後壁種植優質的蓬萊米，大幅提升當地的稻米產量。直到今天，後壁的稻米品質與生產量仍然數一數二，

堪稱台灣的重要米倉。

☼崁頂射火馬

大約八十年前開始，後壁的崁頂地區為了安撫孤魂野鬼，每年會在「池府王爺」這位神祇的生日，準備許多供品與糊紙製成的紅色「火馬」加以祭拜，接著點燃火馬身上的煙火和沖天炮。

等到儀式告一段落，眾人會焚化火馬，象徵將其獻給無主鬼魂。這種民俗活

動稱為「射火馬」，具有祈福消災的宗教意涵。

當地人與事

冠軍米王黃崑濱

二〇〇五年，以台南後壁農夫們的故事，作為主題的電影《無米樂》上映之後，不但促使後壁蛻變為觀光勝地，也讓電影中的主角黃崑濱（一九二九至二〇二一年，又稱崑濱伯）等農民，成為全國聞名的風雲人物。

說到崑濱伯為何選擇以種田為職業，源自他的父親也是一位農夫，使他自學校畢業後便開始幫忙家中

農務，進而在往後的數十年間努力種植稻米。

二十一世紀初，台灣加入世界貿易組織，同時開放外國的稻米進口，連帶對農民的收入與生活造成嚴重衝擊。

就在此時，崑濱伯決定接受政府與專家的輔導，認真改良稻米的品質，進而在全國的稻米競賽榮獲冠軍殊榮！

更為難得的是，樂天知命的崑濱伯選擇把獎金全數捐出，用來推廣在地米食和社區觀光，由此不難看出他對農業和家鄉的無限熱愛。

後記

日本統治時期的台灣歷史學家連橫（一八七八至一九三六年），因為其父親勸誡身為台灣人應該要知曉台灣的歷史，促使他日後蒐集並整理台灣相關史料，進而完成著名的《台灣通史》一書。

仔細想想，我竭盡心思撰寫《古地名裡的台灣史》

這套小書，不單希望幫助讀者更加認識台灣的人、事、物，同時也是在這塊土地生活三十餘年的自己，重新認識台灣各地的過程和嘗試。

回顧前幾年服完兵役後，我在同袍的鼓舞激勵下，開始在網路媒體撰寫歷史通俗文章。之後，我有幸獲得財團法人國語日報社邀請，在該社刊物《國語日報週刊》連載〈台灣古地名〉專欄，繼而才有這套小書的問世。

拙作能夠順利出版，首先要再次感謝同袍瑤哥帶我進入歷史書寫的世界，才有後續執筆專欄、集結出書的可能；端賴國語日報社古文主編的邀稿和幫忙，我的文字有機會搭配紹華老師的可愛插畫，以更加豐富有趣的形式呈現在各位面前。

最後，謝謝時報出版王衣卉主編為了本書所做的種種努力，下一部作品依舊要麻煩時報同仁們多多費心。

倘若本書有任何不足之處，敬請讀者先進不吝予以指正。衷心期盼這套小書可以扮演大眾與歷史之間的橋梁，促使對歷史感興趣的廣大讀者朋友，一同踏上認識台灣的歷史之旅！

參考資料

專書

♕ 文念萱總編輯，《扇形車庫》，彰化縣：彰化縣政府文化局，2011。
♕ 尤碧鈴主修，陳金柱監修，江耀明協修，《梧棲鎮志》，台中縣：台中縣梧棲鎮公所，2005。
♕ 古川勝三著，陳榮周譯，《嘉南大圳之父：八田與一傳》，台北市：前衛出版，2001。
♕ 司馬嘯青著，《台灣五大家族》，台北市：玉山社出版，2000。
♕ 李謁政總編纂，《虎尾鎮志》，雲林縣：雲林縣虎尾鎮公所，2018。
♕ 周宗賢著，《海上遊龍鄭成功》，台北縣：INK印刻文學出版，2009。
♕ 林育淳作，《油彩・熱情・陳澄波》，台北市：雄獅，1998。
♕ 林朝成、鄭水萍主修，鍾廣吉等纂修，《安平區志》，台南市：台南市安平區公所，1998。
♕ 翁佳音、曹銘宗合著，《大灣大員福爾摩沙：從葡萄牙航海日誌、荷西地圖、清日文獻尋找台灣地名真相》，台北市：貓頭鷹出版，2016。

♛ 都市藝術工作室主編，《夜之美術館：月津港燈節》，台南市：台南市政府文化局，2018。

♛ 陳炎正主編，《霧峰鄉志》，台中縣：台中縣霧峰鄉公所，1993。

♛ 陳哲三總編輯，《竹山鎮志》，南投縣：竹山鎮公所，2001。

♛ 莊展鵬主編，《鹿港》，台北市：遠流，1992。

♛ 張溪南等撰稿，《白河鎮志》，台南縣：台南縣白河鎮公所，1998。

♛ 陸傳傑著，《被誤解的台灣老地名：從古地圖洞悉台灣地名的前世今生》，新北市：遠足文化，2019。

♛ 連慧珠等主持，《新修彰化縣志》，彰化縣：彰化縣政府，2014。

♛ 黃文博作，《鹽水蜂炮》，台南市：台南市政府文化局，2013。

♛ 黃世輝等編著，《民族藝師黃塗山竹藝生命史》，南投縣：社寮文教基金會，1999。

♛ 黃婉玲、李孟哲撰稿，《放送台灣之聲：嘉義縣國家廣播文物館》，台北市：行政院文化建設委員會，2007。

♛ 黃富三著，《林獻堂傳》，南投縣：國史館台灣文獻館，2004。

♛ 台灣省文獻委員會採集組編輯，《台灣地名辭書》，南投縣：台灣省文獻委員會，1996。

♛ 蔡明義、王愛雯文字編輯，《台南府城安平劍獅》，台南市：台南市安平區公所，2017。

- 蔡篤堅主筆、梁妃儀協同撰稿，《一個醫師的時代見證：施純仁回憶錄》，台北市：記憶工程，2009。
- 鹽水鎮編纂委員會編，《鹽水鎮志》，台南縣：台南縣鹽水鎮公所，1998。

論文

- 白喜文，《白河地區居民的產業活動及其變遷》，中國文化大學地學研究所碩士論文，2000年。
- 呂孟優，《豐原糕餅業商業空間之研究——以中正路為例》，國立嘉義大學史地學系碩士論文，2007年。
- 吳文星，〈辜顯榮與鹿港辜家之崛起〉，《國史研究通訊》第2期，2012年6月。
- 吳建昇，〈後壁崁頂射火馬的歷史及文化考察〉，《台南文獻》第17輯，2020年6月。
- 吳素香，《嘉義市街發展與阿里山森林事業之研究》，國立台南大學文化與自然資源學系社會科教學碩士班碩士論文，2010年。
- 吳國聖，《清代開墾台灣的客家重要人物：廣東省大埔縣張達京家族族譜之研究》，客家委員會獎助客家學術研究計畫成果報告，2013年。
- 李碩珞，《李旦與顏思齊之研究》，國立政治大學台灣史研究所碩士論文，2017年。

- 邱志仁，《從「海賊窟」到「小上海」：布袋沿海地區經濟活動之變遷（約1560-1950）》，國立暨南國際大學歷史學系碩士論文，2005年。
- 林曉瑛，《社會網絡與產業發展之關係：以台中縣后里鄉花卉產業為例》，國立彰化師範大學地理學系在職進修專班碩士論文，2007年。
- 林霖霄，《台灣盲人之父：甘為霖在台灣的傳教研究》，國立台南大學台灣文化研究所碩士論文，2010年。
- 林鴻瑞，〈源於原住民族語的台灣鄉鎮地名探討〉，《台灣原住民族研究學報》第7卷第2期，2017年6月。
- 柯義聰，《專業區特色米產銷之經營管理：以霧峰香米為例》，國立中興大學農業企業經營管理碩士在職專班碩士論文，2016年。
- 翁徐得、陳泰松、林美臣，〈竹山鎮竹工藝產業的的變遷〉，《台灣林業》第25卷第1期，1999年2月。
- 徐清銘，〈「無米樂」中的身影與笑容：敬天知命崑濱伯．稻米之鄉有機米〉，《豐年半月刊》第56卷第19期，2006年10月。
- 邱紫菱，《台中市霧峰區區域的空間歷史變遷》，國立台南大學文化與自然資源學系台灣文化碩士班碩士論文，2019年。
- 張光毅，《南投縣國姓鄉「搶成功系列活動」發展歷程——以公私協力的觀點》，國立台中教育大學體育學系在職專班碩士論文，2014年。

- 張明月，《光復以後豐原的都市發展與變遷》，國立彰化師範大學地理學系碩士論文，2001年。
- 張永楨，〈清代濁水溪中游漢「番」勢力的消長與漢人社會的建立〉，《台灣文獻》第62卷第2期，2011年6月。
- 梁明雄，〈文學的賴和．賴和的文學〉，《台灣文獻》第46卷第3期，1995年9月。
- 張特清，《關子嶺溫泉區文化歷史發展之研究》，嘉南藥理大學觀光事業管理系碩士論文，2018年。
- 張溪南，《黃海岱及其布袋戲劇本研究》，國立中正大學中國文學系碩士論文，2002年。
- 陳正之，〈台灣竹編藝術瑰寶：黃塗山〉，《傳統藝術》第6期，2000年4月。
- 陳明哲，《后里薩克斯風產業歷史與轉型分析之研究》，華梵大學建築學系碩士在職專班碩士論文，2011年。
- 陳姿敏，《北港鎮聚落發展與祭祀圈的形成》，國立高雄師範大學地理學系碩士論文，2011年。
- 陳嘉英，《尋找空間的女聲：以台灣女詩人張李德和、石中英、黃金川為探究對象》，國立政治大學國文教學碩士學位班碩士論文，2003年。
- 許書銘，《官田地域發展的變遷》，國立台南大學台灣文化研究所碩士論文，2012年。
- 莊靈，〈話說北溝故宮〉，《故宮文物月刊》第453期，2020年12月。
- 黃秀政，〈鄭成功的事功及其歷史地位〉，《台北文獻（直字）》第180期，2012年6月。
- 黃阿有，〈顏思齊鄭芝龍入墾台灣研究〉，《台灣文獻》第54卷第4期，2003年12月。

- 黃虹掬，《虎尾市街聚落的歷史變遷研究》，國立台南大學台灣文化研究所碩士論文，2012年。
- 黃富三，〈岸裡社與漢人合作開發清代台灣中部的歷史淵源〉，《漢學研究》第16卷第2期，1998年12月。
- 黃富三，〈林獻堂與三次戰爭的衝擊：乙未之役、第二次世界大戰、國共戰爭〉，《台灣文獻》第57卷第1期，2006年3月。
- 黃雅琪，《孫翠鳳演藝歷程與表演藝術之研究》，國立彰化師範大學台灣文學研究所碩士論文，2016年。
- 黃翠响，《傳統彰化肉圓的創新：以「阿璋肉圓」和「正彰化肉圓」為例》，國立高雄師範大學台灣歷史文化及語言研究所碩士論文，2016年。
- 彭雅絹，《地方文化產業發展中的公私協力：以南投縣國姓鄉「鹿神祭文化活動」為例》，東海大學公共事務碩士在職專班碩士論文，2011年。
- 楊惠琄，《清代至日治時期梧棲港街的發展與貿易變遷》，國立暨南國際大學歷史學系碩士論文，2011年。
- 楊智偉，《清代漢人入墾與葫蘆墩地區的開發》，台北市立大學歷史與地理學系社會科教學碩士學位班史地組碩士論文，2016年。
- 葉蕙寧，《後壁地區開發的歷史變遷》，國立台南大學台灣文化研究所碩士論文，2013年。

- 蔡依伶，《庶民美食與地方認同：以嘉義火雞肉飯為例》，國立高雄餐旅大學飲食文化暨餐飲創新研究所碩士論文，2019年。
- 蔡佩青，《北港地區藝閣藝術之發展》，國立嘉義大學視覺藝術研究所在職專班碩士論文，2006年。
- 蔡佩真，《論陳永華的歷史評價》，台北市立教育大學歷史與地理學系社會科教學碩士學位班碩士論文，2010年。
- 劉靜蓮，《民雄大士爺廟的文化發展研究》，國立中正大學台灣文學與創意應用研究所台灣文化碩士在職專班碩士論文，2018年。
- 鄭螢憶，〈「番、漢」合作？十八世紀岸裡社的「割地換水」與地方社會〉，《歷史台灣：國立台灣歷史博物館館刊》第15期，2018年5月。
- 盧家揚，《現代社會下的地方信仰：以「民雄大士爺廟」為例》，國立嘉義大學史地學系碩士論文，2012年。
- 賴彰能，〈名聞遐邇的嘉義燒交趾陶始祖葉王考〉，《嘉義市文獻》第15期，1999年11月。
- 顏娟英，〈勇者的畫像：陳澄波〉，《藝術家》第201期，1992年2月。

網路文章

- 〈布袋知名廟宇〉，嘉義縣布袋鎮公所官方網站。（最後瀏覽時間：2023年3月4日）
- 〈地理環境〉，台中市外埔區公所官方網站。（最後瀏覽時間：2023年2月27日）
- 陳淑美文，薛繼光圖，〈重新認識「台灣新文學之父」：賴和〉，《台灣光華雜誌》官方網站。（最後瀏覽時間：2023年9月2日）
- 〈無米獨樂半世紀　崑濱伯的冠軍米〉，農業兒童網。（最後瀏覽時間：2023年9月15日）
- 〈歷史沿革〉，台中市豐原區公所官方網站。（最後瀏覽時間：2023年2月27日）

古地名裡的台灣史 中部篇

作　　者　宋彥陞
繪　　者　紹　華
主　　編　王衣卉
行銷主任　王綾翊
封面設計　倪旻鋒
版型設計　倪旻鋒
內文排版　Anna D.

總編輯　梁芳春
董事長　趙政岷
出版者　時報文化出版企業股份有限公司
108019 台北市和平西路三段二四〇號

發行專線　（02）2306-6842
讀者服務專線　（02）2304-7103、0800-231-705
郵撥　19344724 時報文化出版公司
信箱　10899 台北華江郵局第 99 信箱
時報悅讀網　www.readingtimes.com.tw
電子郵件信箱　yoho@readingtimes.com.tw
法律顧問　理律法律事務所　陳長文律師、李念祖律師
印刷　和楹印刷有限公司
初版一刷　2024 年 2 月 16 日
初版三刷　2024 年 8 月 2 日
定價　新台幣 350 元

古地名裡的台灣史 . 中部篇 / 宋彥陞著 ; 吳紹華繪 . -- 初版 . -- 臺北市 : 時報文化出版企業股份有限公司 , 2024.02

144 面 ; 14.8×21 公分

ISBN 978-626-374-612-1(平裝)

1.CST: 地名學 2.CST: 歷史地圖 3.CST: 臺灣史 4.CST: 通俗作品

733.37　　112018775

時報文化出版公司成立於一九七五年，並於一九九九年股票上櫃公開發行，於二〇〇八年脫離中時集團非屬旺中，以「尊重智慧與創意的文化事業」為信念。